AF602874

COLLECTION DE M***

DE VIENNE

TABLEAUX

MODERNES

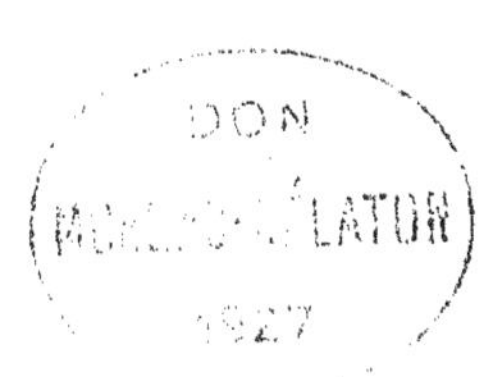

CATALOGUE

DE

TABLEAUX

MODERNES

COMPOSANT

La Collection de M***

de Vienne.

DONT LA VENTE AURA LIEU

HOTEL DROUOT, SALLE N° 1

LE LUNDI 12 AVRIL 1875

A DEUX HEURES ET DEMIE PRÉCISES

EXPOSITIONS :

PARTICULIÈRE : Le Samedi 10 Avril 1875
PUBLIQUE : Le Dimanche 11 Avril 1875
De 1 heure à 5 heures.

COMMISSAIRE-PRISEUR
Me CHARLES PILLET
10, rue de la Grange-Batelière.

EXPERT
M. DURAND-RUEL
16, rue Laffitte.

CONDITIONS DE LA VENTE

Elle sera faite au comptant.

Les acquéreurs payeront *cinq pour cent* en sus des adjudications.

Paris. — Typ. PILLET fils aîné, 5, rue des Grands-Augustins.

DÉSIGNATION

ANASTASI & PH. ROUSSEAU

1 — **Enclos de ferme.**

Au premier plan, des canards dans une mare sous de grands arbres.

Au fond, les bâtiments de la ferme.

Haut., 27 cent.; larg., 47 cent.

BAKALOWICZ

2 — **Le Chant du Page.**

Haut., 40 cent.; larg., 30 cent.

BARON

3 — **Page et Dame.**

Haut., 35 cent.; larg., 25 cent.

BONHEUR

(AUGUSTE)

4 — **Troupeau de moutons descendant dans une prairie.**

Haut. 44 cent.; larg., 35 cent.

BOUDIN

5 — **L'Escaut, vue prise de la tête de Flandre.**

Temps de pluie.

Haut., 30 cent.; larg., 45 cent.

BRILLOUIN

6 — **La Lecture du manuscrit.**

Intérieur d'un atelier d'artiste.

Haut., 37 cent.; larg., 42 cent.

BRILLOUIN

7 — **Les Chasseurs désappointés.**

Haut., 21 cent.; larg., 27 cent.

CALAME

8 — **Vue de Suisse.**

Groupe de sapins dans une gorge de montagnes; au fond, le Mont-Blanc couronné de neige.

Haut., 64 cent.; larg., 51 cent.

CASTAN

9 — **Intérieur.**

Une jeune femme travaille près d'une fenêtre; à ses pieds, un enfant joue avec sa poupée.

Haut., 24 cent.; larg., 15 cent.

CASTAN

10 — **Intérieur.**

Jeune mère jouant avec ses deux enfants.

Haut., 27 cent.; larg., 21 cent.

CHAPLIN

11 — **Le Déjeuner des pigeons.**

Une jeune femme, appuyée contre un fût de colonne, dans un parc, donne à manger à des pigeons rassemblés à ses pieds.

Haut., 137 cent.; larg., 81 cent.

CHAPLIN

12 — **La Veille du Mariage.**

Une jeune fille, vêtue de blanc, regarde sa couronne de mariée et les divers objets de la corbeille posés sur un guéridon.

Haut. 89 cent.; larg. 50 cent.

CHASSÉRIAU

13 — **La Mort du Chef arabe.**

Scène de combat.

Haut., 64 cent.; larg., 52 cent.

CHAVET

14 — **Chanteur ambulant dans une taverne.**

Haut., 18 cent.; larg., 23 cent.

CHAVET

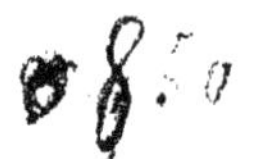

15 — **Jeune homme jouant de la vielle.**

Haut., 23 cent.; larg., 18 cent.

CHAVET

16 — **A la Recherche d'une inspiration.**

Haut., 24 cent.; larg., 19 cent.

CHINTREUIL

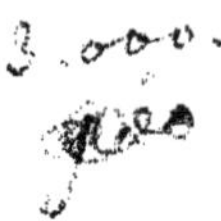

17 — **Derniers rayons.**

Le soleil se couche à l'horizon d'un champ en pleine récolte de sainfoins.

Tableau capital et d'un fort bel effet.

Haut., 92 cent.; larg., 32 cent.

COIGNARD

18 — **Entrée de bois.**

Haut., 34 cent., larg., 49 cent.

DAUBIGNY

— **Paysage.**

Des animaux viennent boire au bord d'un étang.

Haut., 54 cent.; larg., 95 cent.

DANSAERT

20 — **L'Auberge de l'Écu-de-France.**

Des seigneurs et des dames descendent de voiture à la porte de l'auberge, où il y a déjà foule.

Haut., 65 cent.; larg., 84 cent.

DECAMPS

21 — **Chasseurs en plaine.**

Haut., 33 cent.; larg., 53 cent.

DEFAUX

22 — **Cour de ferme à Courance** (Normandie).

Haut., 100 cent.; larg., 82 cent.

DELOBBE

23 — **Jeune femme bretonne, assise auprès d'une fontaine.**

Haut., 115 cent.; larg., 87 cent.

DIAZ

24 — **Sentier dans la forêt de Fontainebleau.**

Haut., 26 cent.; larg., 20 cent.

DIAZ

25 — **Dessous de bois.**

Haut , 10 cent.; larg., 15 cent.

DIAZ

26 — **Effet d'orage.**

Haut., 18 cent.; larg., 24 cent.

DUPRÉ

(JULES)

27 — **L'Entrée du bois.**

Sur le devant, une mare bordée de roseaux ; au fond de grands arbres abritant une cabane.

Haut., 52 cent.; larg., 64 cent.

DUPRÉ

(JULES)

28 — **La Mare au Vieux-Chêne, soleil couchant.**

Haut., 45 cent.; larg., 54 cent.

DUPRÉ

(JULES)

29 — **Animaux buvant à une mare.**

Haut., 54 cent.; larg., 62 cent.

DUPRÉ

(JULES)

30 — **Marine.**

Le soleil est à demi caché par un nuage, qui annonce un grain.

Haut., 26 cent.; larg., 35 cent.

FAUVELET

31 — **Jeune homme accordant sa mandoline.**

Haut., 23 cent.; larg., 18 cent.

FROMENTIN

32 — **Les Bords du Nil.**

Des buffles viennent boire et se baigner dans le fleuve; sur la rive, des fellahs viennent puiser de l'eau à l'aide de grandes perches.

Haut., 100 cent.; larg., 142 cent.

FROMENTIN

33 — **Environs du Caire.**

Des Arabes sont réunis près d'une fontaine.

Haut., 34 cent.; larg., 26 cent.

GUILLEMIN

34 — **Intérieur breton.**

Haut., 15 cent.; larg., 37 cent.

GUILLEMIN

35 — **Intérieur béarnais.**

Haut., 22 cent.; larg., 18 cent.

DE HAAS

36 — **Pâturage hollandais.**

Effet de soir.

Haut., 60 cent.; arg., 100 cent.

HAMMAN

37 — **L'Attente au parc.**

Haut., 40 cent.; larg., 31 cent.

ISABEY

38 — **Les Rochers d'Étretat, en 1858.**

La mer monte, des pêcheurs poussent leur barque sur la plage.

Haut., 50 cent.; larg. 65 cent.

JACQUE

39 — **Troupeau de moutons conduit en plaine par un berger.**

Effet de temps couvert.

Haut., 43 cent ; larg., 60 cent.

JACQUE

40 — **Brebis et son agneau dans une prairie.**

Haut., 26 cent.; larg., 20 cent.

JONGKIND

41 — **Paris en 1854.**

Le cours de la Seine, l'église Notre-Dame et le quai de la Tournelle.

Haut., 42 cent.; larg., 64 cent.

KNAUS

— **Jeune femme romaine.**

Haut., 24 cent.; larg., 18 cent.

LAFON

(FRANÇOIS)

43 — **Les Pigeons.**

Une jeune fille, en costume oriental, donne à manger à des pigeons qui viennent se percher sur elle.

Haut., 95 cent.; larg., 60 cent.

LEYS

44 — **Combat de rue dans une ville flamande**

Haut., 51 cent.; larg., 42 cent.

MADOU

45 — **Causerie entre deux amis.**

Haut., 30 cent.; larg., 24 cent.

MILLET

46 — **Petit paysan sauvant son chien tombé à l'eau.**

Haut., 17 cent.; larg., 32 cent.

PLASSAN

47 — **Jeune femme assise au coin du feu.**

Haut., 12 cent.; larg., 68 cent.

RICHET

48 — **Environs de Villierville.**

Haut., 48 cent.; larg., 68 cent.

ROBERT-FLEURY

49 — **Les deux Foscari.**

Le doge Foscari, en rentrant au Conseil, traverse la salle dans laquelle on vient d'apporter le corps de son fils, brisé par la torture.

Haut., 77 cent.; larg., 112 cent.

SERRURE

50 — **La Vente au château.**

Tous les meubles, tables et objets d'art sont accumulés dans la cour du château; les visiteurs commencent à arriver.

Haut., 57 cent.; larg., 84 cent.

SVERTCHKOFF

51 — **Retour d'un attelage russe.**

Haut., 80 cent.; larg., 96 cent.

TROYON

52 — **Paysage normand.**

Bord de rivière ombragé de grands arbres.

Haut., 53 cent.; larg., 66 cent.

TROYON

53 — **Vallée de Chevreuse.**

Un pont de bois traverse un cours d'eau ; on aperçoit, au fond, des massifs de peupliers.

Haut., 65 cent.; larg., 54 cent.

VAN MUYDEN

54 — **Jeune mère et son enfant.**

Haut., 27 cent.; larg., 21 cent.

VERNIER

(ÉMILE)

55 — **Plage à marée basse.**

Côtes de la Méditerranée.

Haut., 21 cent.; larg., 38 cent.

VEYRASSAT

56 — **La Fin de la moisson.**

Haut., 21 cent.; larg., 40 cent.

DE VRIENDT

(ALBRECHT)

57 — **Jeune mère vouant son enfant à la Madone.**

Haut., 44 cent.; larg., 33 cent.

WEIZZ

58 — **Les Secrets du maître.**

Haut., 42 cent.; larg., 30 cent.

WILLEMS

59 — **Dame à sa toilette.**

Assise devant un miroir posé sur une table, elle essaie une rose dans ses cheveux.

Haut., 59 cent.; larg., 48 cent.

ZIEM

60 — **Scutari.**

Au premier plan à l'ombre de grands arbres, au bord du Bosphore, des bayadères dansent devant une nombreuse compagnie.

On aperçoit au fond la ville de Constantinople tout inondée de lumière

Haut., 81 cent.; larg., 114 cent.

ZIEM

61 — **Le Quai des Esclavons, à Venise**

Effet de soir.

Haut., 76 cent.; larg., 112 cent.

ZIEM

62 — **Paysage des environs de Martigues.**

Effet de soleil couchant.

Haut., 41 cent.; larg., 85 cent.

DESSINS

JACQUE

63 — **Le Retour à la ferme.**

Dessin rehaussé.

JACQUE

64 — **Moutons au repos, sous bois.**

Dessin rehaussé.

JACQUE

65 — **L'Atelier du maréchal-ferrant.**

Lavis rehaussé.

JACQUE

66 — **Troupeau de moutons allant boire à une mare.**

Fusain rehaussé.

JACQUE

67 — **L'Heure du repas.**

Sépia.

www.ingramcontent.com/pod-product-compliance
Ingram Content Group UK Ltd.
Pitfield, Milton Keynes, MK11 3LW, UK
UKHW021959260726
13994UKWH00004B/1850

9 782329 496672